JN439649

시각장애인을 위한
경남 시인들의
다섯번째 사랑 노래

| 2011 점자시집 한글판 |

빛의 결을 만지다

| 머리글 |

올해도 점자시집을 펴냅니다.
책을 만드는 과정이 만만치 않지만,
이 시집을 기다리고 있을 독자를 생각하면
설레는 마음입니다.
우리는 시각장애인들의
청순하고 아름다운 마음을 보았습니다.
'사과가 붉고 바다가 푸르다' 는 사실을 알고 있다는
어느 독자의 육성 고백은
우리를 충분히 감동하게 하였습니다.
시각장애인 전국 시공모전에서 입상한
작품과 심사평을 함께 수록합니다.
우리들의 작은 정성과 함께
빛의 결을 만지는 좋은 나날이 되시기 바랍니다.

2011. 7.
김 복 근

차례

전국시각장애인 시공모전 2011년 입상작

시각장애인을 위한
경남 시인들의
다섯번째 사랑 노래

빛의 결을 만지다

강경주 김동현 김연동 배종애 성선경 옥영숙 이광석 이월춘 장인숙 최석균
강득송 김명희 김일태 배한봉 손영희 우원곤 이달균 이정홍 전문수 하길남
강호인 김무영 김재순 서문창 신애리 우홍순 이동배 이창규 제옥례 하순희
고영조 김미숙 김정희 서일옥 신태순 윤정란 이서린 이처기 조재영 하 영
곽향련 김병수 김진희 석성환 안화수 이경희 이숙자 임성구 차영한 하영갑
김근숙 김복근 박성임 설복도 오하룡 이고운 이우걸 임신행 최경화 홍진기

어떤 독서

강 경 주

글자들이 꼬물꼬물 개미들처럼 기어간다

비가 오려나보다 사뭇 바쁘고 긴 행렬

이따금 이탈한 글자가

겁에 질려 돌아온다

어떤 놈은 하루살이처럼 눈 속으로 들어와

이 구석 저 구석 마구 날아다니다가

뜻밖에 제자리에 앉아 날 잡아봐라 하신다

진중했던 대열이 순식간에 흩어지고

의미망을 벗어나 반짝이는 어절과 음절

끝없이 탈옥을 시도하며 파닥이는 자음, 모음

복 있는 사람 · 1

| 강 득 송

옆집 담벼랑에
해마다 이른 봄을 알리는
목련 한 그루

어둔 세상 밝히는,
지난겨울을 데우는,
찬연한 여인,

그에게는 악이 없다.
그 흔한 오만도 없다.

메마른 땅에도
싱싱하게, 싱싱하게 피어나는
시냇가에 심은 나무로
자라는,

복이 넘치는 향기에 나는 행복합니다.

옹달샘

| 강 호 인

깊고도 유현한 골
맑고도 작은 거울

얼비친 청산 위에
구름장이 흘러가듯

이 한뉘
시름도 동동
띄워보고 싶어라

개 두 마리

고 영 조

개 두 마리

한 마리는 묶여 있고

한 마리는 풀려 있다

한 마리는 겨울이고

한 마리는 봄이다

묶이고 풀린 채로

얼굴을 서로 파묻고 있다

겨울과 봄이 지척이다.

손

| 곽 향 련

손과 손이 엮은 고리
키 큰 손은 키 작은 손을 잡고 있습니다.
교실 밖 놋쇠 꽹과리 요란하게 울고
자동차 소리 고막을 침입하지만
맞잡은 손은 어쩌지 못합니다.
마음 빈 한 손은 종이를 자르고 질긴 고기를 자르는
가위가 되기도 하지만
손과 손이 잡으면 단단한 굴렁쇠가 됩니다.
특수학교 손과 손은
잠시도 떨어져 있기 싫은 모양입니다.
점심시간에도 꽃과 새와 바람의 말들로
선생님요! 선생님요! 둥근 등을 톡톡 두드리면
선생님의 손은 고운 손을 꼭 잡고서
별을 노래하며 세상 밖으로 나갑니다.

봄을 기다리며

| 김 근 숙

여리고 작은 아기 손으로 따스한 봄 햇살
조금씩 조금씩 뿌려가며 강 너머 청보리밭 위로
조심스런 발걸음 내디뎠나보다.

하늘은 그 넓은 품으로 모두를 안으려는 듯
점점 낮아져 가끔씩은 봄비로
따스한 입김 고루 펴 내리는데

어두움 제키며 언 땅 힘겹게 밀어 올려
갈라진 틈새로 새 얼굴 내미는 생명의 저 경이로움

이 밤에도 꽃잎들은
서로들 더 고운 색으로 칠해가며
사람 맞을 준비를 하고 있겠지

그저 베풀어주시는 크나큰 은혜로움이다
한결같은 사랑이다

이제 우리도 움츠렸던 가슴
닫았던 마음도 스스로 열어가며 그저 웃어 볼 일이다.

보기에 심히 좋은 사람 사는 세상, 이제 봄인걸.

시인의 마음

| 김 동 현

시인의 마음을 가진 자만이
시인이다
교묘한 하나의 낱말보다도
화려한 한 번의 기교보다도
빛나는 일회성의 비유보다다도
어눌하여도, 때론
모든 걸 탈탈 떨어낼 수 있는 그런 마음이
시인의 마음이다
탐욕스러운 지식 동물의 거대주의가
아니라
소화불량의 게움질이
아니라
언제든 마음자리 옮겨 떠날 수 있는
소박한 마음자세 한 자리 마련해 두는 게
시인의 마음이다.

오므라들다

| 김 명 희

4월 봉오리 펼치자

땀샘 닫히고 호흡은 내리막이다

완두콩 열리고

혈압과 맥박 닫혔다

나달나달해진 적삼을 개키듯

생이 오므라드는 순간에는

눈으로도 들을 수 있고

귀로도 볼 수 있어

텅

텅텅

목단꽃 간다

그림자 진다

눈이 내리면

| 김 무 영

이른 아침
흰 도화지에 도장을 찍는다
눈 그림이 교차하면서
무지개 세상이 펼쳐지는 동화의 나라

아이들이 미끄러져 간
활주로에 한 줄로 서서
몇십 년째 잠든
내 일기장을 들추면

우리 세상 왔다고
동네방네 영그는
아이들 웃음마다
새하얀 꿈이 피어나네

꽁지탕

| 김 미 숙

모두가 꽁지를 달고 다닌다
분노의 꽁지 배신의 꽁지 슬픔의 꽁지

나는 이미 꽁지 빠진 지 오래
동냥주머니 하나 들고
남들 흘린 꽁지나 줍고 다닌다

한때는 태평양 파도를 꽁지로 가르며
아문센이 간 길 따라
남극해를 횡단하는 꿈도 꾸었다

이제 꿈꾸던 고래 꽁지는
살면서 새우 꽁지로 변하고
시월 바람 떠나는 오늘밤 나는
가을국화 한 잔에 주운 꽁지 몽땅 넣고

홀로 꽁지탕을 끓인다

꽃잔치

| 김 병 수

연둣빛 바람이
살품을 연
화엄의 땅

봄의 소맷자락을 끌고 와
상견례를 하는
꽃의 잔치가 한창일 때
잠시 눈시울에 젖는 환희의 빛은
무상의 끈을 풀어헤친다.

꽃받침이 있어
피울 수 있는 꽃아
늘 머무는 그 자리에

그대와 나의
동심결한 인생이
아름답게 피고 있나니.

잡초의 詩

| 김 복 근

이름을 모르는데 생일을 알 리 있나요
갈 곳 몰라 헤매다가 나이도 잊어버려
바람에 홀씨 날리듯 훌훌 털고 다닙니다

온몸이 시려오면 옷깃을 여미면서
봉인을 뜯어내듯 무거운 몸을 열어
연초록 속잎 바라며 젖은 손을 내밉니다

밀려나는 어둠이 나를 흔들어 깨우고
흩어져 여는 세상 저 크고 깊은 울림
낯선 땅 발을 들이며 가만 눈을 떠봅니다

마방 사람들

—차마고도

| 김 연 동

등줄기 서늘한 길, 적멸寂滅로 이어진 길

야크 등이 휘이도록 소금과 차를 싣고

천수경 몇 소절 외며 절도 한 채 지고 갈까

갈비뼈로 허기 가린 그 삶보다 험한 길엔

기슭에 환한 꽃도, 눈물도 사치라며

저 단애斷崖 가랑잎 같은 목숨들이 가고 있다

바뀌는 계절 위로 해는 다시 뜬다지만,

역사의 행간 위에 화석으로 굳어버린

기나긴 그들의 행로 석양만이 눈부시다

볼록한 아침

| 김 일 태

비 갠 아침
오목눈이 새 한 마리가
꽃 진 복숭아나무 가지 끝에
봉그슴히 앉아 있습니다

부러질까봐
고사리발로 살짝 쥔 나뭇가지가
새의 배처럼 볼록하게
휘어져 있습니다

쳐다보는 내 마음도
함께 팽팽해져서
이파리 끝에 맺혀 있는 이슬처럼
자꾸 초롱초롱해집니다

일요일인 줄 알고

| 김 재 순

일요일인 줄
직박구리 녀석도 아는 것 같아.

키 작은 나무 사이사이로
숨어들고 찾아내고
들켰다고 소리치는
직박구리들.

내가 유리문으로 내다보고 있는 줄
다 알고도 모르는 척
더 가뿐하게 날고
더 신나게 지저귀는 저 녀석들은

할아버지
할머니 앞에서
학교에서보다 더 신나게 노래하는
날 흉내 내는 거야.
틀림이 없어.

白鷺

| 김 정 희

창공을 밑줄 치는 눈부신 은빛 날개
한일자 획을 그으며 백로가 지나간다
저 건너 새벼리* 벼랑 위를
오늘도 어제처럼.

저마다 홀로 가는 외줄기 길을 열어
과녁을 향해 떠나는 희디흰 화살 한 촉
허공의 넓이를 재며
피안 찾는 길목에.

해와 달, 뜨고 지는 우주의 지붕 아래
아직도 못다 부른 영혼의 노래를 위해
아득한 물빛 그리움은
땅에 묻고 가는 걸까.

수유를 스쳐가는 시간의 흐름 위에
더 높이 멀리 나는 대붕大鵬의 꿈을 보며
이 언덕 나부끼는 갈대도
하늘을 우러렀다.

*새벼리 : 진주 팔경의 한 곳.

시 계

| 김 진 희

앞으로만 나아가리
한길로만 뻗어가리

빽빽한 솔숲 사이
흔들리는 유혹에도

이 세상
굴함도 없이
한 치의
망설임 없이

가로등

박 성 임

불빛은 언제나
어둠과 함께 산다

어둠은 언제나
불빛과 함께 산다

어둠을 바라보고 있는
저 불빛의 따사로운 손

불빛을 따라 사는
저 어두움의 편안함

어둠을 바라보는
불빛의 휘어진 등 뒤로

사람들 모여들고 있다
어둠 속 불빛을 손에 쥐려고

어머니 · 3

| 배 종 애

미수의 어머니께서
고관절 교체 삽입시술을 받으셨다
이제 어머니의 잔여수명이
불과 1, 2년 남짓이란다

누워계시기보다는
서서 걷기를 원했는데
저승이 눈앞이라니
우렁각시 어머니를 위하여
나는 과연 무엇을 할 수 있단 말인가

'나 언제 하늘 갈지 모르니
내 좀 예쁘게 화장해주소'
간병사에게 태연히 몸을 맡기는
어머니

길가의 한 그루 고목에서
인생의 고뇌를 보듯

애절한 시 한 편이 된
어머니

모과냄새

| 배 한 봉

새벽은, 모과냄새를 가지고 있다
세계가 박동할 때마다
핏줄 꿈틀거리게 하는 그것은
아침이 되려는
시간의 상큼한 발효 냄새
푸르름 배인 미명 속의 그 샛노란 향기를
도시 아이들은 이제 석유 냄새와 구별하지 못한다
멀리 초롱거리던 샛별이 흐릿하다
도시는 자꾸 시골로 들어가 새 도시를 만들고
나는 도시로 나와 자꾸 모과냄새를 잃는다
신선한 새벽을 잃고
동트는 풍경을 잃는다
이제는 뼈가 쑤시고 머리가 아프다
그래, 모과냄새를 앗기면 미래가 아프다
새벽은 모과냄새를 가지고 있어야 한다
모과냄새는 아침의 발원지
제 몫만큼 계속 샘솟아야 한다
제 몫만큼 계속 흘러가야 한다

어머니의 바늘

| 서 문 창

와이셔츠 소매 단추를 달기 위해 실을 꿰어 보지만 바늘구멍 언저리에서 맴돌기만 한다. 막힌 것은 아닌가 불빛에 비춰보다 흐릿한 바늘귀 저편의 자꾸만 눈앞에 안개가 낀다던 어머니를 보았다.

살아가는 이치를 길게 말할 줄 모르던 어머니 나이 드니 바늘귀 찾는 일도 힘 부치다며 그 끝 놓치지 않으려 바느질 끝낸 바늘에 실을 물려 실패에 꽂아두었다 드러내지 않는 내 속마음까지 꿰뚫어 보던 어머니. 아들이 가지고 있는 침묵과 악몽을 말하지 않았지만 밤마다 손에 익은 바늘 골라 그 끝에 긴 실 이어 실밥 터진 아들의 검은 저고리 솔기에 한 땀 한 땀 살아가는 이치를 떠 주었다

밤낮없이 가난을 치료했던 어머니의 바늘.

부부

| 서 일 옥

나보다
먼저 일어나
문을 여는 당신 눈빛

당신보다
먼저 들어와
방을 닦는 내 마음

이 세상
어느 눈비도
연리목으로 헤쳐 가는

봄, 호숫가

| 석 성 환

탱자 꽃
하얀 눈빛
해맑은
호숫가에

산그늘
바장이다
들숨에
오르는 곳

굼닐던
저 언덕 너머
초록 한 줌
새곰한

풍 경

— 여름밤

| 설 복 도

저녁노을이 수박 속처럼 익었습니다.

아이들 초롱한 눈빛이 파아란 별빛을 머금고

개구리는 여름밤을 재촉합니다.

바람 따라 먹구름은 하늘가를 노 저어 가고

번갯불이 수박을 다듬는 엄마 손끝에서

칼질을 합니다.

어느새 소나기 한 줄기

아이들 환한 입가에 다가와

후루룩 후루룩 노을을 삼키고 있습니다.

쑥국새

| 성 선 경

햇쑥 나왔다 쑥 쑥국 쑥
쑥 뜯으러 가자 쑥 쑥 쑥국
쑥국이나 한 번 끓여 먹어 쑥 쑥국
쑥 쑥 쑥국 쑥쑥국 쑥국
쑥국 한 솥 끓여라
쑥 쑥 쑥국 쑥국 쑥쑥국
쑥쑥국 쑥국
쑥 쑥국 쑥 쑥 쑥국
햇쑥 나왔다 쑥 쑥국
쑥 뜯으러 가자 쑥 쑥 쑥국
쑥 쑥 쑥국 쑥쑥국 쑥국.

구제역

| 손 영 희

너그들을 묻고도 내는 사람이라
꾸역꾸역 찬물에 밥 말아 먹는다

막사 앞
질펀한 허공
눈발이 오지다

어미젖에 코박은 눈도 못 뜬 어린것
산밭에 묻은 기억 여즉도 삼삼한데

목구멍
젖은 밥알이
콕콕
쑤신다

창포 가는 길

| 신 애 리

창포 가는 길엔 가로등은 없어도
동백이 붉은 꽃등 줄줄이 엮었더라
외줄긴 빈 바닷길에 목을 빼고 섰더라

바다도 호수같이 잠만 자는 동해면
갈대들만 술에 취해 온몸을 비비는데
항아리 물병 속같이 그려놓은 갯마을

또옥 똑 노크하고 손 내미는 날 두고
올 동백은 잇몸까지 드러내고 웃더라
마흔 살 숨가쁜 고개 넘었는데 버얼써

올봄에도 못다 한 말 동백처럼 붉어서
77번 국도 위를 구름 달고 달려간다
구겨서 툭 던져 놓고 이름 하나 잊는다

물방울

| 신 태 순

유리창에 매달린 물방울은 딱 제 몸무게만큼만 무거워야 한다 또 하나의 물방울이 와서 슬쩍 건드리면 제 무게를 이기지 못해 아래로 추락하는 저 물의 길 그러나 물은 본래 흘러야 하는 제 자신을 알았던 것 비로소 제 몸을 보태 작은 물줄기로 흐른다 해도

밤하늘 별똥별이 사라지듯 어딘가로 사라져 갈지라도 지금은 다만 이슬처럼 초롱초롱 빛나고 싶은 것

첫사랑

| 안 화 수

어린 시절 고향길
그대로 서 있는 철모르는 코스모스
하얀 옷깃에 주름치마 입었던
첫사랑 숙이를 닮았다

가을바람 조금만 닿아도
속치마 보일까 이리 흔들 저리 흔들
손잡자 얼굴 붉히며
손아귀 빠져나가는 모습
영락없는 열여섯 얼굴

십 년이면 산도 강도 변한다는데
삼십 수년 넘는 세월마저 속인
시누대 같은 몸매
남강둑 휘영청 밝은 달빛 아래 서 있네

파 성

| 오 하 룡

유등流燈은 저리 휘황한데
파성 설창수 흉상 앉은
시비詩碑 거리를 혼자 걷느니
훤한 이마 이목구비 또렷한
파성 선생, 건장한 그 모습으로
생전처럼 주춤주춤 따라오시는가
특유의 걸걸한 음성으로
오 시인, 오 시인- 부르시는가
돌아보면 다른 말씀
한마디 그 무엇도 없으시고
선생의 환영幻影 어른거릴 뿐이어니
도시는 아늑히 물빛에 잠겨 있고
유등流燈은 저리 휘황한데

콩나물

| 옥 영 숙

검은 보자기 뒤집어쓰고 도망갈 때가 없어

물방울을 만나 노래처럼 울었다

가늘고 긴 목을 지탱하며
조금씩 키가 자랐다

비 상

| 우 원 곤

딸아이가 홈플러스에서 천사가 되었다.
핑크빛 드레스를 입고 요술 방망이 돌렸다.
룰렛을 돌리면 멜로디가 나오며 메시지를 들려 줘요.
버튼만 눌러도 여왕의 비밀메시지가 들려요.
그래 너는 뭐든지 할 수 있지!
날고 싶지 않은가?
알바트로스의 우아한 비상처럼-
그래 한번만 날아 보자꾸나.
어항 같은 좁은 집에서
거기에 오래된 냉장고의 소음
엄마의 일상적인 가사에 젖은 소리
그 여왕의 SOS
날자 날자
한번만 더 날자꾸나.

裸木 · 20

| 우 홍 순

찬바람
불어와서
알몸으로 설 수 있다

지심地心에
발을 묻어
얼음도 무섭잖다

한겨울
그 준령 넘는 모습
열반에 든
장립불와長立不臥.

겨울 들판

윤 정 란

다가서기 전에는
아무것도 없었다

찬바람도 자주 맞아
따스함을 느끼듯

한겨울 빈 들판에도
숨소리가 들린다

간난의 무게 없이
아픔이 쉬고 있는

빈 들이나 빈 가슴에
꼬물대는 햇싸라기

없는 듯 환히 열리는
초록길에 닿아 있다

석 류

| 이 경 희

푸른 하늘
바라본다
자근자근 지난 세월
가을 저녁 달무리 속, 당신 영혼
청아하게 맺힌다.
한 가지~
두 가지~
늘어진 손길마다
곱게 익어가는 당신 얼굴
찬바람 서늘하게 불어올 때면
빨갛게 익어간다.

담쟁이 넝쿨
엉켜가는 세월이 곱다
흙담을 넘어가는 기슭에
하얀 이빨, 분홍빛 입술
초롱초롱 맺힌다
까만 밤, 남몰래 아리는 당신
찬 서리 나리는 햇살
아슴아슴
한복 풀 먹인 가슴으로
빨갛게 타오른다

대 숲

| 이 고 운

대 하나가 숲이 되기까지는
속 깊이 뿌리를 내려 시커멓게 썩도록 스크럼을 짜야 한다
성글지 않으려는 맹세가 촘촘히 마디로 배겨
지진에도 피안의 그물이 되려는 몸부림으로
서로가 서로를 껴안아야 한다
지상으로 솟으려는 힘에 젖 먹던 힘을 제곱하여
굽은 뿌리들을 수평으로 펴고야 비로소 수직으로 솟는 대

대 하나가 숲이 되기까지는
바로 서는 지조를 길러야 한다
허리를 곧추세우는 척추와 척추들이
끝없이 속을 비우고 마디마다 언어를 채우려면
온몸을 흔들어 휘어지는 연습을 해야 한다
파수꾼이 잠드는 새벽에도 죽비를 때려
스스로 잠들면 안 돼

대 하나가 숲이 되기까지는
계절의 사반이 주무르는 염액에 물들지 않아야 한다
옛집 뒤란에 수런거리는 대밭의 역사
가로를 용납하지 않아 수직으로만 쪼개지는 대
허물을 벗고 벗어야 불변의 옷이 되는
바람보다 언어가 먼저 알리는 수직의 고통
대숲에는 푸른 말 하나가 무성히 뛰어다닌다

봄 온다

| 이 광 석

매화가 잔설을 털고
빨간 입술을 깨문다
병아리 떼 몰고 오느라
개나리는 벌써 숨이 차다
산불감시원 완장을 찬 진달래
진작 제 몸에 붙은 불 놓친다
냇가 버들강아지 물 퍼 올리는 소리
봄 햇살 발밑 눈뜬 새 쑥
한 무더기 불러낸다

소나무

| 이 달 균

늙은 소나무는 말하지 않는다 생의 이전과 이후, 책에도 실리지 않은 두려운 마을의 잠을 건너가던 슬픈 신화

독립군을 밟아 온 밀정이 왔다가고 다시 어느 핸가 포연이 뒤덮던 날 허기져 눈만 깊어진 산山사람이 지나갔다

공장에서 손이 달아난 사내는 저만치서 솔가쟁이 부러지듯 꺼이꺼이 울었고 나무는 저무는 연대年代를 담담히 바라보았다

푸른 솔바람으로 대갈일성도 못하고 세한歲寒을 지키는 독야청청은 더더욱 못된, 등 굽어 키마저 작아진 늙고 못난 소나무

봄마중

| 이 동 배

꽃술 먹은 직박구리
대낮부터 휘청거려

초록빛 애기 손길
하늘을 휘젓는다!

저어기
젖어드는 길목
허벌나게 핀 진달래꽃

봄비에 젖은 철길
고향 소식 조올고

눈맛, 입맛 돋우는
싱그러운 봄 언덕

오는 봄
맞으러 가면
저만치 벌써 와 있는

두고 온 골목

| 이 서 린

지금쯤 그곳에도 저녁이 몰려오겠다
푸른 기운이 골목 어귀 서성대고
개 한 마리 어슬렁
저녁 마실 나오겠다
깜박깜박 겨우 불 밝히는 낡은 보안등 아래
뒤축 끌며 귀가하는 발길 몇
골목 깊숙이 젖어들겠다
치자 꽃 향기 왈칵 풍겨 올
녹슨 대문 그 집은 안녕한지
반 지하 입구 계단에서 엄마를 기다리던
어린 계집아이는 아직 울고 있는지
잔조기 굽는 냄새 진동하는 사이
좁은 하늘에 나와 있을 개밥바라기별 언저리
소쩍새 우는 소리 길게 퍼져 가겠다

가을의 미소

| 이 숙 자

돌담가 큰 박이 보름달같이 주렁주렁
배롱나무 꽃 피고 지어 벼가 누렇게 익고
빠알간 고추잠자리 무리 지어 원 그린다.

길가엔 코스모스 한들한들 곱게 피어
활짝 웃으며 허리 굽혀 손 흔들고
나들이 나온 사람들 환영하며 맞는다.

소음과 세멘 벽에 찌들린 사람들에
아름다운 모습을 아낌없이 주려는 듯
일시에 정을 흠뻑 쏟으며 답하고 있는 미소들.

안 경

| 이 우 걸

껴도 희미하고 안 껴도 희미하다

초점이 너무 많아

초점 잡기 어려운 세상

차라리 눈 감고 보면

더 선명한

얼굴이 있다

四則演算

| 이 월 춘

세상이 아비를 울리면
자식이 그 눈물을 받아 마신다는데
만날 때마다
그대는 내게
곱셈이자 나눗셈이었다
사는 일을 엮을 때마다
덧셈을 넘어 곱셈이 되고
마음의 땀을 닦을 때는
기꺼이 나눗셈이 되었지
나도 그대에게
덧셈은 되어야 할 텐데
혹 뺄셈이었던 적은 없었는지

가을 우묵배미

| 이 정 홍

여름내 허기진 날을
하늘 앉아 등 쓸어준

목젖 타는 우묵배미
잔도랑물 샅을 적신

시장기 훅 이는 풋내
새 떼 입맛 다신다.

살 지핀 들 뜸이 도는지
산골 물소리 잦아지고

먼 타관 떠돌던 자식
고개 숙여 익어오는

가을 논, 지는 해 삼키다
생금 낟알 뱉어낸다.

모래 집

| 이 창 규

두 팔 뻗쳐 끌어 모은
한 움큼 모래알
움켜쥔 모래가
열 손가락을 간질인다.

솔솔 빠져나가며
깔깔거리는 모래알
두 손 쭉 뻗어
다시 끌어 모은다.

용용 죽겠지!
약이 오른 주먹으로
모래밭에다
두꺼비 집을 지었다.

풀 빵

| 이 처 기

키 높은 추녀 아래를
휑히 지날 때

모퉁이를 스치는 반죽의 온기가
꺼지는 말기의 불씨를 붙들고 있네

태평한 날에는 별 볼일 없어라

질퍽한 오후나
한파 불어오는 영하의 골목에서

식었던 손 데워주는
흘려버릴 법했던 안부

보리피리

| 임 성 구

백월산 가는 길 청보릿대 꺾어 물고
닐리리 피리 불면 청음계 위 부화한 나비
먼 곳의 어머니에게 냉이꽃편지 띄운다

예전에 차마 못한 말 묵언으로 올리면
날아가는 새들은 어찌 알아 들으셨는지
행간에 피어난 말씀 시린 가슴 데운다

절절절 끓는 피가 여장 풀고 웃는 시간
길 밖에 핀 꽃들에게 명찰을 달아 주고
먼 나라 어머님께도 손 내미는 봄이다

점자책을 읽으며

| 임 신 행

별과 별 사이의 숨어 있는
사랑을 생각한다.

산자고 같은
그 소녀의 숨소리가 행간에서 붉은 강낭콩으로 살랑이고

안개꽃이
줄지어 선 이랑을 따라가면
그윽한 사랑의 숲이 나오고

어린왕자와 보아 뱀이 손을 잡고
어디론가 가고

막아도, 막아도
서러운 소리만 내는 대금을 연주하듯
이 밤 나는
별과 별 사이를 건너가고 있다.

놀라워라

| 장 인 숙

내 모자 쓰고
거울 앞에서 씽그레 웃는 아들

꼭 나 닮았다
세상에나 어쩜, 이럴 수 있을까

웃으면
단추 구멍만 한 눈
감아버리는 버릇까지

꼭 닮은 게 몇 개 있을까
이 세상에는

붕어빵 아들과
엄마 빼면

시계 소리

| 전 문 수

시간을
소리로
분할하고 있다

시간을
소리로
지우고 있다

눈으로 못 보는
시간이 가는 소리는

안 보이는 소리만이
들을 수 있다

종소리 북소리 꽹과리 소리가
무엇을 세상에 알리는지 알 것 같다

왜 우리는 즐거울 때를
노래가 풀어내는지
슬플 때를
울음소리가 풀어내는지 알 것 같다

아, 통영 항구

제 옥 례

충렬사 홍살문 붉게 핀 동백꽃
충무공 정기는 세세에 살아 있고
세병관 뜰 안에 휘날리던 승전기
피 묻은 칼과 창을 여기서 씻었다네

미륵산 허리에 진달래꽃 만발하고
용화사 계곡에 흐르는 맑은 물과
남방산 수려함을 노래로 엮으며
저무는 강구안에 뱃고동 울려온다

산양면 일주도로 피고 지는 동백꽃은
통영의 번영을 상징하는 꽃이런가
한산섬 앞바다에 서 있는 거북등대
사백 년 전 대첩을 밝혀주는 등불 됐네

공주도 전설에 아득한 꿈을 안고
바다와 보물섬에 희망이 부푼다
통영운하 대교는 통영의 나폴리
오가는 어선들도 쉬어가는 항구여

마음이 가는 방

| 조 재 영

그런 방이 하나 있었으면 좋겠다

작은 산 아래에 감나무 아래에 놓인 방
쪽문을 열면 초록빛으로 뒹구는 환한 뒤란이 있고
아침 햇살에 붉게 젖는 창호지가 있는 방

댓돌에는 신발이 곱게 올라 있어서
지나는 이가 결 고운 눈매로 한 번씩 뒤돌아보고
물결치는 나이테가 고스란히 세월의 마루에 남은 방

참으로 단아하여
벽에는 옷 하나만 살포시 걸어두고
마음이 어지러울 때면 한숨 깊게 자고 가는 방

느그 집 작은 고추 맵지

| 차 영 한

경상도나 전라도나 어디를 가도
고것 생각이 나서 입술 호호 불어대는
언제나 반가운 이름 하나 아!
그 집하면 모두들 알고 깔깔 웃는
고것 작은 조선토종고추 이야기

이 나라의 문 칸 위 왼 새끼줄에도 꽂혀 온
얼큰한 우리네 핏줄 그것도 생된장뿐이겠나
약 오른줄 모르고 갓 담은 고추장에 쿡쿡
찍어 툭 깨물다가 하! 호 매워 입 벌린 채
눈물 핑 돌면 하르르 날아오르는 고추잠자리
화끈한 우리네 한 핏줄로 이어주는 깨운 한맛
고것 작은 고추 잘 익은 앵두 밭에도 호 하!

빈 집

| 최 경 화

빈 마음이 그렇듯이
창백하게 혼자 남은 공허는
허한 기운만 집안을 맴돌고

바람은 대문 열린 안채를
힐끔거리며
마음대로 넘나들고

외로움보다 냉한 공기를
감당치 못해 몸살 앓다
주저앉은 마당엔

붉은 줄장미
담장을 타고 파란 지붕 위로
유유히 뻗어 나가며

선홍 빛깔로
슬픔 자아내는
빈집을 달래주고 있다

찔레

| 최 석 균

장미같이 몸 다는 날
물오른 맨살을 벗기면
긴 갈증을 적실 수 있을까

바람 부는 오월의 언덕
날리는 보얀 향기를 들이켜면
오랜 허기를 채울 수 있을까

혀끝이 따끔토록
코끝이 알알토록
새순에 마주 마음 비비면
물 한 모금 건넬 듯 차오르는 얼굴

물이끼 같은 기억을 밟고
뻐꾸기 감도는 산자락을 서성이면
물같이 치솟는 그리움 만날 수 있을까

위안을 받거든

| 하 길 남

네가 보고 싶다
병아리가 어미 닭을 따라
세상 나들이를 가듯
기적이 우는 곳에서 너를 만나고 싶다
새가 되면 너의 집 빨랫줄에 앉아
실컷 너를 훔쳐볼 수 있을까
잠자리가 되면 귀뚜라미가 되면
너의 창가에 누워
실컷 울어 볼 수 있을까
물에서 소금쟁이를 잡다가
윷판에 상사화를 그리다가
데살로니가 제5장을 읽다가
벼락을 맞다가도 너를 만나고 싶다
온종일 너의 집 부근에서
서성거리고 싶다
행여, 나들이를 할까
그때 너를 훔쳐볼 수 있을까
기적이 우는 곳에서
달마가 오줌 줄기를 끊는 곳에서
위안이여, 바람에 길을 물어.

편 지

| 하 순 희

살아 네 가슴에 푸르게 가 닿기 위해
핏빛 울음 물어서 나르는 어둔 저녁
무수한 시간 속으로
잎새들을 띄운다.

아득히 먼 별빛 쏟아지는 이방의 섬
지우고 또 지워도 돋아나는 시린 눈빛
오늘도 난파당하는
흐린 날의 텔렉스.

아침 호수

| 하 영

어젯밤에 하느님이
살금살금 내려와서
커다랗고 보드라운
파아란 보자기를
아무도 몰래
펼쳐놓고 갔어요

어젯밤에 달님이
사뿐사뿐 내려와서
초롱초롱 빛나는
은하수의 아기별을
사알짝 사알짝
뿌려놓고 갔어요

해님도 조심조심
애기수련 옆에서
반짝반짝 빛나는
아침을 열어요

여 울

| 하 영 갑

물결 타고 날아든 피라미의 수다
은빛 춤사위
날개 세워 하늘로 솟구치고

돌부리 베고 누운 메뚜기
흙빛 고깔 둘러쓴 채 개울을 찢는다.

철부지 코흘리개
초록 빛 돌 뒤집어 다슬기 놀리니
소금쟁이 우스워 깔깔거린다.

민초는 엎드려 꿈꾼다

| 홍 진 기

민들레 노란 꽃술이 해바라기를 하고 있다
새들은 좁쌀 한 알로 하늘을 오르지만
민초는
구름을 타고
비상하는 꿈을 꾼다

바람이 보듬고 온 이 계절의 어린 풀꽃
철없이 몇 올 햇살에 부리를 세우다가
통곡도
숨어서 울어
몸을 깔고 엎드린다.

전국시각장애인 詩공모전

2011년 입상작

- 최우수 라르고 조리법 | 이진규
- 우 수 눈먼 시계공 | 김희찬
- 봄 병 | 신성남
- 심사평 섬세한 촉수로 쓴 시각장애인의 시

■ 최우수

라르고 조리법

| 이 진 규 (1947년생)

먼저 뜬구름을 하늘빛과 잘 버무려 넣고 서서히 끓이시다가
강물이 역류할 즘 시간들을 느린 순서대로 오뉴월 길이로 썰어 넣으세요
물론 연료는 은근한 아날로그식 굼벵이표 장작이 좋구요
이때, 급제동 소리가 넘지 않도록 주의하세요
넘으면 지구의 자전속도가 빨라지거나 두더지들이 추락할 수도 있으니까요
그렇게 한참 우리다가 시간의 발바닥이 황소걸음만큼 익었다 싶으면
일단 뒷걸음질하는 그림자들이 없는지 윤곽을 찔러보시고
혹시 느낌표나 물음표들이 증발했다면 제트기류를 타고 떠난 거예요
누가 말했잖아요 껍질은 가라고
이제 뚜껑을 열어 혀 빠른 말들이 재잘재잘 한 김 나가도록 잊어도 좋아요

무지개, 번개들이 허겁지겁 두 계단을 뛰어오르는 숨가쁜 소리가 나거나

강물 그 완만한 보폭으로 교정되는 우두둑, 버저음이 들리면

오로라를 두세 쪽 다져 넣으시되 꼭 잊지 말게 있어요

새들이 날면서 뒤돌아볼 수 있도록 하시는 거 말이예요

새들은 항상 그들의 고향을 꽁지에 달고 살거든요

이때, 그동안 무단으로 사용한 시간들이 청구서를 내밀지 모르므로

지체 없이 달팽이 걸음으로 간을 맞춘 다음 달빛으로 고명을 얹으세요

그리고 잘 들어보세요 내 마음마저 중탕된 시간이 라르고로 흐르는,

저기 간이역을 지나는 은하열차가 뿌뿌뿌 거북이 소리를 내잖아요 들리시죠?

■ 우수

눈먼 시계공

| 김 희 찬 (1948년생)

내 시간은 자궁 속서부터 동그랬어
끝을 잃은 동그라미를 고치려고 들어갔어
사랑이 안 보이는 원에 불을 붙이려다
잊혀진 그리움으로 낡았어
단서를 찾으려고 눈을 감았는데
웃은 것이 실수였을까
야광마저 엎지르고 말았어
시간에 족쇄를 채웠지
그래도 그래도
시간은 각도를 흘리고도 가더군
조급증을 세우려고 손을 들었는데
관성법칙형 문자에 빠지고 말았어
어둠을 다리려고 세탁소에 보냈지
그래도 난 펴지지 않았어
주름진 그대로 주름이 되기로 했어
울 할머니 주름진 이마도 웃으면 이쁜 세월이잖아

■ 우수

봄 병

| 신 성 남 (1959년생)

우듬지 바람이
거푸집을 짓는 동안,
음지는 수혈을 받는다.

치료제도 없다
백신도 없다
예전에도 앓았었지
머리맡 새 고무신에서
소풍 전날
찬장 위에 사이다병에서
달집에 불을 댕기던 고 계집애 입술에서
혈관 속 골목마다 등 밝혔었다

꽃그늘 아래
꽃비에 젖고
나를 가로지르는 발자국 소리
봄 병이 벙근다.

섬세한 촉수로 쓴 시각장애인의 시

김복근, 이달균, 성선경 세 사람이 모여 심사에 임했다. 우리는 2009년, 2010년에도 심사를 하였으므로 시각장애인들의 작품성이 높고, 시에 임하는 자세가 진지함을 잘 알고 있었다.

2009년 첫 심사평에서 밝혔듯이 시각장애인들이 대상을 바라보는 방법은 다양하고도 복합적이다. 비장애인들은 포착된 사물을 바라봄에 있어 선입견 혹은 피상성에 머물러 있을 위험이 있다. 그러나 시각장애인들은 곧바로 다가가기보다 섬세한 촉수로 만져서 접근하기도 하고, 냄새를 맡기도 하면서 다양한 느낌을 가지려 한다. 이는 보이지 않는 단점을 극복하기 위한 그들 나름의 감각훈련에 의한 것인데, 그것을 시적 언어로 치환시키면 훌륭한 한 편의 시가 된다.

올해도 역시 기대만큼의 수작들이 응모되었다. 이미지를 형상화하고 언어를 조탁하는 능력에 눈길이 간다. 다만 아쉬운 것은 전문적인 문학수업을 받지 못한 흔적이 곳곳에 드러나기 때문에 완벽한 한 편의 최우수작을 고르기는 쉽지 않았다.

먼저 뜬구름을 하늘빛과 잘 버무려 넣고 서서히 끓이시다가
강물이 역류할 즘 시간들을 느린 순서대로 오뉴월 길이로 썰어 넣으세요
물론 연료는 은근한 아날로그식 굼벵이표 장작이 좋구요
이때, 급제동 소리가 넘지 않도록 주의하세요
넘으면 지구의 자전속도가 빨라지거나 두더지들이 추락할 수도 있으니까요
그렇게 한참 우리다가 시간의 발바닥이 황소걸음만큼 익었다 싶으면
일단 뒷걸음질하는 그림자들이 없는지 윤곽을 찔러보시고
혹시 느낌표나 물음표들이 증발했다면 제트기류를 타고 떠난 거예요
(하략)

— 이진규 〈라르고 조리법〉 전문

심사자들은 세 편의 응모작에 눈길을 주었기에 각각 최우수작을 미는 데는 약간의 이견이 있었다. 논란 끝에 위의 작품을 최우수로 뽑았다.

〈라르고 조리법〉은 우선 상상력이 돋보이는 작품이다. 음악을 듣는 과정을 조리법에 치환시킨 솜씨가 신선하다. 자기식의 삶의 성찰이 돋보이는 보폭이 넓은 시다. 그러면서도 감정에 치우치지 않는 시어의 안정된 구사가 신뢰를 갖게 한다. 어떤 목표에 다가가되 가급적 천천히 가고자 하는, 그래서 놓친 것은 없는가를 생각하게 한다. 그러나 지나치게 산문성에 의존하고 있는 점과 군더더기가 많은 것이 흠이다. 하지만 마지막 행까지 독자를 끌고 가는 특유의 저력이 있다. 그런 힘은 시인이 가져야 할 소양으로는 필수적이다. 신중하게 고른 최우수작임을 밝혀둔다.

내 시간은 자궁 속서부터 동그랬어
끝을 잃은 동그라미를 고치려고 들어갔어
사랑이 안 보이는 원에 불을 붙이려다
잊혀진 그리움으로 낡았어
단서를 찾으려고 눈을 감았는데
웃은 것이 실수였을까
야광마저 엎지르고 말았어
시간에 족쇄를 채웠지

—김희찬 〈눈먼 시계공〉 전문

최우수작과 마지막까지 경합한 김희찬의 〈눈먼 시계공〉도 장점이 잘 드러나는 작품이다. 이 작품은 분석적으로 읽게 한다. 우선 눈먼 시계공과 시간은 어떤 상관관계에 있을까? 시인은 만져

지지 않는 것은 시간의 속성이라고 전제한다. 그러므로 작자는 시간을 찾아 자궁 속으로 들어간다. 그곳은 원초적인 곳이며 시작과 끝이 소멸된 공간이다. 그곳에서 시간의 존재를 밝히려 한 빛마저 잃어버리고 만다. 그런데도 시간은 흘러가고 있음을 본다. 조금 모호해진다. 더 읽어 내려가면 '나'와 '시간의 주름'은 동일한 존재다. 문제는 여기서 발생한다. 족쇄를 채운 시간과 '각도를 흘리고' 가는 시간과의 개연성이 사라져 버린다. 더욱 할머니의 주름이 등장하면서 시는 결말이 없이 끝이 난다. 관념적인 시일수록 논리적이어야 하는데 이 시는 그런 맹점을 안고 있다. 좀 더 차분히 시를 만들었다면 좋은 글이 될 수 있었는데 안타깝다. 바로 우수작에 머문 이유다.

우듬지 바람이
거푸집을 짓는 동안,
음지는 수혈을 받는다.

치료제도 없다
백신도 없다

(…중략…)

꽃그늘 아래
꽃비에 젖고

나를 가로지르는 발자국 소리

봄병이 벙근다

—〈봄병〉 부분

또 한 편의 우수작인 이 시는 봄날에 앓는 다감한 감상주의를 노래한 가작이다. 마지막 연에서 예민한 작자의 성격을 잘 드러내고 있다. 단아한 완성도 면에서는 최우수작을 능가하는 장점이 있다. 그러나 그것만으로는 부족하다. 새로운 상상력으로 한 걸음 더 나아가 독자에게 감동을 전달하는 장치를 갖지 못한 단점이 있다. 함께 보낸 작품들이 대체로 비슷한 수준을 유지하고 있었는데, 거의가 소품을 벗어나지 못하고 있다. 결국 상상력의 빈곤이 문제가 되어 우수에 머물고 말았다.

최우수작과 우수작을 놓고 보면 가능성이 엿보여서 심사자들을 흐뭇하게 한다. 한 편의 작품으로 승부하는 것이 아니라 여러 편의 습작품들을 읽을 수 있어 좋다. 지난해에 투고한 사람들의 이름도 반갑다. 장려에 뽑힌 분들의 수준도 크게 미달되진 않는다. 하지만 늘 아쉬움은 남는다. 시각장애인들의 시에는 그들만의 것이 있어야 한다면 지나친 기대일까? 섬세한 촉수는 더욱 섬세하게, 대상을 껴안는 온도는 더욱 뜨겁게 껴안아 줄 수는 없을까? 그것이 절망이든 고통이든 벼랑 끝의 노래라면 독자들은 또 다른 희열에 젖을 것이다.

심사를 마치면서 우린 스스로와 주변을 돌아본다. 스스로의 가슴에 청진기를 대본다. 나는 전가의 보도인 양 너무 쉽게 쓰고 발표하지는 않았는가. 등단의 문을 두드리는 이들은 아직 익지 않은 열매를 선불리 따려는 조급증에 현혹되어 있지는 않는지를 생각한다.

응모자 모두에게 정진을 빌며 입상자들에게는 축하를 보낸다.

심사위원 | 김복근(경남문협 회장), 이달균(경남문협 부회장 · 심사평)
성선경(경남문협 시분과위원장)

시각장애인을 위한 경남시인들의
다섯번째 사랑노래

빛의 결을 만지다

펴낸날 | 2011년 6월 30일

펴낸이 | 김복근
펴낸곳 | 화중련
제작보급처 | 도서출판 경남
주소 | 창원시 마산합포구 남성로 42
전화 | 055)245-8818~9, 223-4343(f)
홈페이지 | http://www.gnbook.com
전자메일 | gnbook@empal.com
출판등록 | 제2호(1985. 5. 6)

ISBN 978-89-7675-696-1-03810

〔값 6,000원〕

*이 책은 경상남도문예진흥기금에서 발간비의 일부를 지원받았습니다.